La casa dell'anima
è l'amore.

M. S.

GIUDA

Servo del cielo

Dal Vangelo secondo il poeta

Preghiera in siciliano
di
Michele Sarrica

Traduzione di Francesca Mazzola

ISBN 978-1-4477-8915-4

Copertina e Grafica di
Francesca Mazzola

www.michelesarrica.it
michelesarrica@interfree.it

Servo del cielo

Dal Vangelo secondo il poeta

Preghiera in siciliano
di
Michele Sarrica

COMMENTO DELL'AUTORE

Non è facile, né semplice scrivere su un personaggio come *Giuda*, uno dei dodici Apostoli di *Gesù* che, nell'immaginario collettivo, rappresenta il negativo, il traditore per antonomasia. È davvero impossibile rimanere indifferenti su quanto viene narrato nei vangeli, canonici e apocrifi, compreso *"Il vangelo di Giuda"*. Credo che anche chi non professi la religione cattolica, provi delle forti emozioni che vanno oltre il credo personale. Ogni onesta considerazione, ogni giudizio espresso in buona fede, suppongo che sia passibile di totale ribaltamento, qualsiasi sia il segno che lo identifichi. E sono convinto che ogni espressione di condanna o di difesa dell'Apostolo *Giuda* derivi sempre da una personale opinione, formatasi attraverso vari canali, più o meno ufficiali.

Una cosa mi sembra abbastanza illuminante: se *Gesù,* (il Profeta creduto solo uomo), ha scelto *Giuda* come discepolo per poi nominarlo suo Apostolo, allora dovremmo dire che un certo sentimento di fiducia dovesse pur provarlo nei suoi confronti tanto da affidargli anche la gestione della "cassa" del gruppo.

In questo caso, quindi, dovremmo pensare che *Gesù* si sia totalmente sbagliato nella valutazione, che non abbia avuto quel fiuto istintivo, psicologico, che un buon capo, "selezionatore", dovrebbe avere, almeno, quando assume del personale. Se invece, *Gesù*, lo ha scelto con assoluta convinzione, (in quanto figlio di *Dio* e quindi infallibile), allora un altro motivo ben più drammatico e indecifrabile ha dovuto caratterizzare la sua scelta. In ogni caso, *Giuda,* era un predestinato!

La sua azione, così abominevole, non l'avrebbero potuta commettere degli Apostoli, come *Giacomo, Giovanni* o *Luca*, giovani, fragili e sensibili, incapaci di commettere un qualsiasi misfatto, nemmeno se sottoposti alle più atroci delle torture. E allora, chi avrebbe dovuto "portare" *Gesù* sul *Golgota*, su quella croce? Chi gli avrebbe potuto permettere di concludere da "trionfatore" la sua particolare missione terrena? Chi gli avrebbe potuto dare la "spinta" necessaria per risalire in cielo e continuare a vivere la sua vita da *Dio*? *Giuda,* solo quel giovane puledro, che lo aveva seguito con docile apprensione, sarebbe stato in grado di compiere quella maledetta missione. Soltanto *Giuda* aveva compreso la vera identità del maestro in quanto ne aveva captato molti segni divini e molti atipici messaggi, spesso oscuri e criptati.

Solo *Giuda* avrebbe saputo decodificare l'ultimo terribile "ordine!" Soltanto alla sua intelligente sensibilità e risolutezza era rivolta tanta fiducia e tanta compassionevole attenzione!

Pietro? No, non sarebbe stato capace di portare a termine quella drammatica richiesta in quanto la sua incredulità era ben nota anche al suo maestro. E *Paolo*? Nemmeno! Era preferibile che desse corso alla sua dottrina evangelizzatrice attraverso le parole, come fanno i poeti. E gli altri?... Tutta brava gente! Ma nessuno di loro aveva acquisito ancora tale livello fideistico da credere, ciecamente, nella divinità del Maestro. Nessuno aveva compreso cosa volesse significare che il suo regno non fosse di questo mondo! Che cosa poteva simboleggiare la sua dichiarazione quando aveva affermato che sarebbe stato in grado di distruggere il tempio e di ricostruirlo in soli tre giorni! Figuriamoci se quella brava gente avrebbe mai intuito che il pane che avrebbe offerto loro, nell'ultima cena, sarebbe stato il suo corpo, e il vino che avrebbe bevuto si sarebbe trasformato in sangue: il suo! E che tale miracolo si sarebbe verificato ogni qual volta si sarebbero ripetuti quei gesti e quelle sue parole, proprio per rinnovarne il ricordo e il sacrificio. E poi, chi dei suoi Apostoli avrebbe creduto che *Egli,* dopo essere morto sulla croce e dopo essere stato seppellito, il terzo giorno sarebbe resuscitato? Nessuno, a parte *Giuda*! E così, più *Gesù* conosceva i suoi Apostoli e più si rendeva conto, da buon "regista", delle parti che avrebbe dovuto affidare ad ognuno di loro per portare a termine il suo grande "spettacolo", il suo incredibile progetto di salvezza planetaria fruibile da tutti gli uomini di buona volontà presenti sul pianeta Terra, compresi anche quelli che sarebbero venuti dopo, nei secoli futuri e si sarebbero attenuti, pedissequamente, agli insegnamenti che *Egli* aveva lasciato all'intera umanità. Davvero molto complesso questo suo grande progetto, impietoso e cruento, umanamente difficile da comprendere e d'accettare senza porsi qualche domanda, specie se si osserva la estrinsecazione fattiva nella sua fase di concretizzazione. Progetto drammaticamente non ancora realizzato nella sua pienezza d'intenti, di scopi finali.

In questo terreno, così aspro e difficile da percorrere senza sollevare "polvere" e obiezioni, dove la religione ha in sé un'eccessiva dose di emotività partecipativa, spesso molto soggettiva, la dottrina professata diventa anche "distintivo" d'appartenenza: ad una razza, ad una classe sociale, a un censo elitario. Succede di essere anche fedeli sostenitori e grandi "tifosi" del proprio credo escludendo a priori, da buon ultras, la "bontà" delle altre dottrine, a prescindere dalle finalità e dal contesto in cui operano.

Uno Stato laico, come l'Italia, consente, nel proprio territorio, che ogni cittadino professi, apertamente e liberamente, la propria confessione religiosa e non venga perseguito per la sua ideologia di appartenenza. L'Italia, garantisce e rispetta il principio di libertà di culto sancito dalla sua *Costituzione*. Questo, anche per dare il giusto corso ad una sana consapevolezza culturale che c'insegna che la varietà di confessioni religiose è anche sinonimo di ricchezza morale e individuale. Questa grande apertura, socio-culturale, è la dimostrazione tangibile del grado di civiltà di un popolo!

Accade, oggi come ieri, di assistere impotenti alle più cruenti manifestazioni d'intolleranza e di violenza aventi per origine le diverse ideologie religiose. Ne deduciamo, in sintesi, che se le religioni non uniscono, allora dividono e con sprezzanti formule di giudizio precostituito. Spesso, tale atteggiamento mentale si concretizza attraverso impietosi atti terroristici. E le vittime sono sempre delle persone inermi: donne, vecchi e bambini.

Le guerre più cruenti, più lunghe, più dimenticate, sono state e sono quelle combattute sotto il vessillo di una religione che pone *Dio* a capo degli eserciti nella pretesa che lo stesso *Dio*, armato di tutto punto, scenda dal cielo per combattere il medesimo nemico accanto ai suoi fedeli soldati. Un *Dio* alleato che incenerisca e fulmini gli avversari con la sua potenza divina, para-militare. *Dio*, quindi, al servizio di chi si ritiene giusto, buono, figlio prediletto, un tantino guerrafondaio, ma solo all'occorrenza, se stuzzicato o se per necessità, come nel caso di quei "giusti" che fanno la guerra per ottenere la pace!

Mi rendo conto che il discorso attorno a questo tema è davvero difficile e complesso. Più si esamina, più tentiamo di spiegarci alcuni fatti e misfatti o alcuni principi, e più diventa ostico e complesso il parlarne, il capirsi e il farsi capire. Ma il non parlarne sarebbe ancora più disonorevole e poco religioso.

V'invito a leggere questa "preghiera" di Giuda non per condividere o affermare la mia opinione, scevra da qualsiasi proposito tendente al proselitismo, ma per rinnovare la drammaticità dell'evento descritto e tentare, nella non facile identificazione, di comprendere lo stato d'animo in cui si sarà venuto a trovare il più discusso Apostolo di *Gesù*. Uno spiraglio di luce puntato sulla ragnatela emotiva in cui è nato questo "grido".

GIUDA
Servo del cielo

Dal Vangelo secondo il poeta

I

Giuda
spalancava li porti di lu cori
e bestemiava

Si sbatteva la testa mura-mura
e bestemiava

Sinteva la svintura ntra li vini
e prijava la morti
di essiri cchiù lesta di la vita

Giuda la sinteva
la vuci di lu sangu
la vuci di lu cori
la vuci di la storia

Lu sinteva ca iddu
propia iddu
ca nun era capaci di pistari
mancu 'na furmica

aveva a cunsignari a la fuddia
cu' ci aveva datu la spiranza
la vista
la dignità
la raggiuni pi cridiri ca la vita
è la reggina di tutti li spiranzi
e la morti
è l'unica cirtizza di la vita

E iddu
ca nun era capaci di smurfiari
mancu 'na minzogna
si 'ntisi un tradituri
unu ca cunsignava a la svintura
la so' arma svinnuta

E pinsava e ripinsava a li paroli
ca spalancaru l'occhi a la miseria
quannu la prima vota
'ntisi pigghiari focu la coscenza
e nta lu scuru vitti la so' strata

E sunnava e risunnava lu so' destinu
la so' vecchia casa
la prima parola di lu patri
l'ultima carizza di la matri
la taliata di cu' lu stracanciava
prujennucci li vrazza
li stessi vrazza
dunni s'addurmiscèvanu li stiddi.

II

Giuda
mentri li pecuri parevanu di sita
e cani e gatti ciariàvanu la notti
si 'ntisi scafazzari
sutta lu pisu di 'na granni cruci

Videva la genti mentri ci sputava
mentri lu sgrifafa
mentri ci gridava...
traditurì!

Si 'ntisi scurciari li carni
comu fussi 'n-armali
un capruni ca ci levanu la peddi
pi taliari dintra li so' vini
quali pinseri addumàvanu la vita

'Na picciotta piatusa lu vasò
ci asciugò la frunti
ci vagnò la vucca
e di davanti
ci misi un granni specchiu...
li so' occhi di fimmina e di matri

Giuda
vitti 'na faccia lazzariàta
e nun capìu di cu' fussi
dda maschira di sangu...

nun capìu di cu' fussiru ddi occhi
ddi labbra troppu sicchi
tutti ddi pinseri 'nturciuniati
ca 'mpannavanu lu specchiu
e la so' menti

La genti ci sputava

Cadìu tri voti
e ogni vota la terra
ci grapeva li vrazza e l'abbrazzava...
la terra lu vasava
comu 'na matri vasa li so' figghi
e ci parrava
comu lu cori parra a cu' si ama...

***

"Grazii - figghiu -
pi chiddu ca sta' facennu pi to' matri
p'ogni furmica
e p'ogni filu d'erva...
grazii - figghiu -
p'ogni guccia di sangu
ca duna forza a tutti li radici
a tutti li me' fogghi!

T'aspettu dunni li uri
nun cuntanu e nun passanu
dunni lu suli è comu 'na funtana

e ogni ciauru è di rosa spampinata
ca l'ancili sparpagghianu pi tia

T'aspettu
mentri sentu chianciri la sorti
assittàta
supra 'na valata senza nomu

Lu veru amuri
spissu è misu 'n-cruci!"

***

Allatu a Giuda c'era lu maistru...
lu taliava
comu si talìa un picciriddu
e rideva...

E mentri rideva
ci livò la cruci da li spaddi
lu taliò nta l'occhi e ci dissi...

***

"Susiti - Giuda -
susiti amicu miu
chista è la me' ura!

Nun mi po arrubbari la me' sorti!

E nun chianciri pi mia
comu si chianci
p'un frati quannu mori!

Tu mi sta' spugghiannu
di st'omu chi vesti la me' arma!

Mi sta' livannu stu pisu
pi farimi turnari dunni lu celu
è 'n-arvulu di stiddi

Va' - lassa stu lignu
e torna a fari lustru nta la strata
dunni siminammu li paroli."

III

Giuda
quannu eppi la forza di parrari
pusò la faccia ntra li manu
s'appuiò a 'n-alivu saracinu
e ntra li so' radici
chiantò quattru paroli

***

"Pirchì lu celu mi duna sta cunnanna?

Chi bisognu avi lu Patri Eternu
di dari a sta me' terra
lu sangu di 'n-agneddu?

Pirchì
ju
Patri?

Lassami guvirnari li me' crapi
e aspittari ca figghia la me' scecca
e spuntari la cicoria e la lattuca
tra li ciachi di sta terra arsa

Lassami 'nchiuvatu a la me' sorti
a manciari pani e pruvulazzu
a vìviri lu feli di la vita
sapennu ca la vita è puru meli

Nun mi dari - Patri -
sta maledizioni

Nun dari a lu me' nomu
la vriogna di li tradituri
lu martiriu
di cu' scanna li so' figghi
e doppu si va 'nchiacca

Ju - Signuri -
nun lu scanciu lu sangu di to' figghiu
mancu pi tuttu l'oru di la terra

Nun s'accatta e vinni la disperazioni

Lassa ca la me' strata
finisci ntra li vrazza di la morti
quannu la sira
sciogghi li to' stiddi
e li matri spiduggbianu li trizzi
pi farinni bannera

Pirchì - Patri - mi duni sta cunnanna?"

***

E nuddu
nta dda notti dispirata
ci detti 'na risposta...

nuddu ci dissi
di 'ncatinazzari li so' jorna
e lassari pinnuliari di 'na corda
li sonnira assassini di la
menti

Nuddu ci dissi ca lu tempu
nun è la vera essenza di la vita
e lu pirdunu
è la vinnitta di la genti forti
l'unica vinnitta
ca l'ancili arricampanu pi Dio
pi mettila nta la so' valanza
nta l'altari
dunni la giustizia è compassioni
si chiama amuri
e nun c'è logica
pi cu' dintra lu pettu
senti ancora la vuci di lu cori

Nuddu ci dissi ca la libertà
è spissu 'na prigglunu.

IV

Quannu Giuda
appujiò la frunti nta la terra
e la vasò
comu si vasa la matri mentri dormi
li fogghi di l'alivi trantuliaru

Si 'ntisi un tronu
un carusu ca chianceva
'na vuci di ventu ntra la frasca

Doppu
comu si la fuddìa fussi di scena
Giuda jisò li pugna 'n-celu
e gridannu dissi natra vota...

***

"Pirchì - Patri - mi duni sta cunnanna?

Si cridi ca sugnu 'n-assassinu
pirchì nun mi la canci sta me' sorti?

Cu' l'ha scrissi la parti ca mi dasti?"

***

E lu silenziu ci detti la risposta

Sulu li stiddi putevanu sapiri

Ma li stiddi - dda notti -
sintevanu lu pisu di la storia
lu chiantu di lu munnu
la vuci di l'alivi...
sulu li stiddi
stavanu vidennu ca la sorti
cancia e nni stracancia
cchiù veloci d'un battitu di cori.

V

Giuda
quannu dda notti
vasò lu maistru nta la frunti
pi signalari a li surdati cu' era Dio
nta li labbra 'ntisi
lu friddu di la morti
'na morti senza 'na raggiuni
senza curpa
e senza pentimenti

Ntisi lu friddu
di cu' mori pi nenti
e nun dici nenti
mancu 'na bestemia...
una sula bestemia ca s'appizza
com'un chiovu nta la testa
ca mancu la morti
arrinesci cchiù a scippari

Nta ddu mumentu
mentri la luna s'ammucciava
e li cani abbaiavanu scantati
Giuda capìu ca sulu iddu
stava acchianannu nta la cruci...
sulu iddu!

VI

Doppu dumila anni...

Di sti tempi
Giuda si metti abbiti firmati
e Cristu
mancia e dormi nta li stazioni

Puru li figghi d'Abramo
cercanu lu pani
nta li strati ca cunnùcinu luntanu
dunni li paroli
nun figghianu paroli
e la simenza mori
prima c'aggigghia

La storia cancia
pi nun canciari nenti.

VII

Giuda
ogni jornu preja ancora lu maistru
di dari a la so' arma
'na casa dunni dòrmiri cueta

Nun trova cchiù
né terra e né famigghia ca l'abbràzzanu
né altari dunni appenniri lu cori

Lu pani ca cerca
nun è fattu di lacrimi e farina...
è un pani duru
'mpastatu cu lu sangu e la pietà

Li so' paroli sgrifanu lu celu.

***

'Pirchì - Patri -
mi dasti la to' cruci?

Pirchì nun scinni
almenu natra vota
pi diri ca nun meritu sta pena?

Pirchì nun dici
ca Giuda è innoccenti?

Dillu ca t'infilasti comu essenza
ntra li me' pinseri di picciottu
e adaciu-adaciu
jornu doppu jornu
mi dasti nta li manu la to' vita...
la to' vita - Patri!

Dillu ca Giuda era un to' surdatu
un paladinu di li to' paroli
un servu di lu celu
e dda notti maliditta
fusti tu a farimi cunnuciri la morti
'n-fina a li to' pedi

Dillu - a tutti sti me' frati -
ca dda vota - ju -
fici sulu la to' volontà

Gridalu
ca stu to' figghiu era la fezza di la terra
'n-armali
'na pecura bona pi scannari
ma dillu
- a cu' mi cridi senza dignità -
ca Giuda nun fu mai un tradituri
un vigghiaccu
'n-assassinu
unu ca pi tri sordi
si svinnìu lu suli...
l'unica so' doti
l'unica spiranza

Allatu a tia
ju mi sintìa un poeta
un omu
ca nun s'affruntava di campari
un omu liberu
ntra li vrazza di sta terra liberata...

'na terra
senza cchiù strati
dunni nun si passa
'na terra
senza cchiù paroli
ca nun si ponnu diri
'na terra
senza cchiù matri
ca chiancinu li figghi

Dillu - Patri -
ca Giuda fici sulu la to' volontà...
la to' volontà - Patri!"

VIII

Giuda
nun puteva sapiri ca la morti
stava dannu a la terra
la cchiù granni spiranza di la vita

Nun puteva capiri ca la so' parti
l'aveva scrittu cu' lu vosi frati...
lu stissu frati
ca ci cunsignò la so' parola
la so' borsa
la so' vita

Lu caperu
sulu cu' di Cristu
nni vuleva astutari li paroli

Lu caperu
cu' jisa li banneri
cu lu stemma ricamatu d'oru...
oru straniu
a chiddu ca scula di la cruci
d'ogni 'ngagghia di lu paraddisu
d'ogni vina di cu' duna la so' vita
pi fari d'ogni jornu
'na pagina c'arresta nta lu cori.

IX

Nta li notti di luna affruntùsa...

quannu lu ventu
ciuscia ntra l'alivi
e ogni vuci
parissi ca s'intana

...lu munnu si ferma p'ascutari
chi cosa sta succidennu nta li strati

Li cani abbàianu
pirchì ci pari stranu
lu scuru ca cummogghia li vaneddi...
abbàianu
pi fari zìttiri lu munnu ca vucìa

Sentinu 'na vuci 'n-luntananza
comu si vinissi di 'na 'ngagghia
ca la terra spalanca pi parrari

Sentinu ancora
la vuci di li chiova
mentri la ncunia
batti li so' uri...

l'ultimi uri di lu cunnannatu

Sentinu ancora
la vuci di lu lignu

mentri li chiova
vasavanu li carni
prima di tràsiri
dintra li so' vini...

l'ultimi carizzi pi lu cunnannatu

Li cani
sentinu ancora l'ultimi paroli
ca di la cruci acchianàru nta lu celu...

"Perdona loro - Padre -
perchè non sanno quello che fanno!"

Ju - comu li cani -
mi pari di séntiri la morti
mentri ancora chianci...
mi pari
ca nta li vaneddi di la me' coscienza
Giuda grida ancora
si qualcunu lu chiama tradituri

La storia
comu a Ponzio Pilato
si nni lava li manu

E lu celu è sempri cchiù luntanu.

TRADUZIONE
di
Francesca Mazzola

GIUDA

Servo del cielo

Dal vangelo secondo il poeta

I

Giuda
spalancava le porte del cuore
e bestemmiava

Si sbatteva la testa sui muri
e bestemmiava

Sentiva la sventura nelle vene
e pregava la morte
di essere più veloce della vita

Giuda la sentiva
la voce del sangue
la voce del cuore
la voce della storia

Lo sentiva che lui
proprio lui
che non era capace di calpestare
nemmeno una formica

doveva consegnare alla follia
chi gli aveva dato la speranza
la vista
la dignità
la ragione per credere che la vita
è la regina di tutte le speranze
e la morte
è l'unica certezza della vita

E lui
che non era capace d'inventare
nemmeno una menzogna
si sentì un traditore
uno che consegnava alla sventura
la sua anima svenduta

E pensava e ripensava alle parole
che spalancarono gli occhi alla miseria
quando la prima volta
sentì prendere fuoco la coscienza
e nel buio vide la sua strada

E sognava e risognava il suo destino
la sua vecchia casa
la prima parola di suo padre
l'ultima carezza della madre
lo sguardo di chi lo trasformava
porgendogli le braccia
le stesse braccia
dove si addormentavano le stelle.

II

Giuda
mentre le pecore sembravano di seta
e cani e gatti odoravano la notte
si sentì schiacciare
dal peso di una grande croce

Vedeva la gente mentre gli sputava
mentre lo graffiava
mentre gli gridava...
traditore!

Si sentì scorticare le carni
come fosse un animale
un caprone a cui levano la pelle
per guardare dentro le sue vene
quali pensieri accendevano la vita

Una donna pietosa lo baciò
gli asciugò la fronte
gli bagnò le labbra
e dinanzi
gli mise un grande specchio...
i suoi occhi di femmina e di madre

Giuda
vide una faccia martoriata
e non capì di chi fosse
quella maschera di sangue...

non capì di chi fossero quegli occhi
quelle labbra troppo secche
tutti quei pensieri aggrovigliati
che impannavano lo specchio
e la sua mente

La gente gli sputava

Cadde tre volte
e ogni volta la terra
gli apriva le braccia e l'abbracciava...
lo baciava
come una madre bacia i figli suoi
e gli parlava
come il cuore parla a chi si ama...

***

"Grazie - figlio -
per quello che stai facendo per tua madre
per ogni formica
e per ogni filo d'erba...
grazie - figlio -
per ogni goccia di sangue
che dona forza a tutte le radici
a tutte le mie foglie!

Ti aspetto dove le ore
non contano e non passano
dove il sole è come una fontana

e ogni odore è di petali di rosa
che gli angeli spargono per te

Ti aspetto
mentre sento piangere la sorte
seduta
sopra una lapide senza nome

Il vero amore
spesso è messo croce!"

***

Accanto a Giuda c'era il maestro...
lo guardava
come si guarda un ragazzino
e rideva...

E mentre rideva
gli tolse la croce dalle spalle
lo guardò negli occhi e gli disse...

***

"Alzati - Giuda -
alzati amico mio
questa è la mia ora!

Non mi puoi rubare la mia sorte!

E non piangere per me
come si piange
per un fratello quando muore!

Tu mi stai spogliando
di quest'uomo che veste la mia anima!

Mi stai togliendo questo peso
per farmi tornare dove il cielo
è un albero di stelle

Vai - lascia questo legno
e torna a fare luce nella strada
dove seminammo le parole."

III

Giuda
quando trovò la forza di parlare
prese la faccia tra le mani
si appoggiò ad un ulivo saraceno
e tra le sue radici
piantò quattro parole

***

"Perché il cielo mi dà questa condanna?

Che bisogno ha il Padre Eterno
di dare alla mia terra
il sangue di un agnello?

Perché
io
Padre?

Lasciami allevare le mie capre
e aspettare che partorisca la mia asina
e germogliare la cicoria e la lattuga
tra le pietre di questa terra arsa

Lasciami inchiodato alla mia sorte
a mangiare pane e polvere
a bere il fiele della vita
sapendo che la vita è anche miele

Non mi dare - Padre -
questa maledizione

Non dare al mio nome
la vergogna dei traditori
il martirio
di chi sgozza i propri figli
e dopo va ad impiccarsi

Io - Signore -
non lo scambio il sangue di tuo figlio
nemmeno per tutto l'oro della terra

Non si compra e vende la disperazione

Lascia che la mia strada
finisca tra le braccia della morte
quando la sera
scioglie le sue stelle
e le madri slegano le trecce
per farne una bandiera

Perché - Padre- mi dai questa condanna?"

***

E nessuno
in quella notte disperata
gli diede una risposta...

nessuno gli disse
d'incatenare i suoi giorni
e lasciare penzolare da una corda
i sogni assassini della mente

Nessuno gli disse che il tempo
non è la vera essenza della vita
e il perdono
è la vendetta della gente forte
l'unica vendetta
che gli angeli raccolgono per Dio
per metterla sulla sua bilancia
sull'altare
dove la giustizia è compassione
si chiama amore
e non c'è logica
per chi nel petto
sente ancora la voce del cuore

Nessuno gli disse che la libertà
è spesso una prigione.

IV

Quando Giuda
poggiò la fronte sulla terra
e la baciò
come si bacia la madre mentre dorme
        le foglie degli ulivi tremolarono

Si udì un tuono
un bambino che piangeva
        una voce di vento tra la frasca

Dopo
come se la follia fosse di scena
Giuda alzò i pugni in cielo
        e gridando disse un'altra volta...

***

"Perché - Padre- mi dai questa condanna?

Se credi che io sia un assassino
        perché non me la cambi questa sorte?

Chi l'ha scritta la parte che mi hai dato?"

***

E il silenzio gli diede la risposta

Soltanto le stelle potevano sapere

Ma le stelle - quella notte -
sentivano il peso della storia
il pianto del mondo
la voce degli ulivi...
solo le stelle
stavano vedendo che il destino
cambia e ci trasforma
più veloce di un battito del cuore.

V

Giuda
quando quella notte
baciò il maestro sulla fronte
per segnalare ai soldati chi era Dio
sentì sulle labbra
il freddo della morte
una morte senza una ragione
senza colpa
e senza pentimenti

Sentì il freddo
di chi muore per niente
e non dice niente
nemmeno una bestemmia...
una sola bestemmia che si conficchi
come un chiodo nella testa
che nemmeno la morte
riesca più a schiodare

In quel momento
mentre la luna si nascondeva
e i cani abbaiavano spaventati
Giuda capì che solo lui
stava salendo sulla croce...
solo lui!

VI
Dopo duemila anni...

Di questi tempi
Giuda indossa abiti firmati
e Cristo
mangia e dorme nelle stazioni

Pure i figli di Abramo
cercano il pane
seguendo strade che conducono lontano
dove le parole
non partoriscono parole
e la semente muore
prima che germogli

La storia cambia
per non cambiare nulla.

VII

Giuda
ogni giorno prega ancora il suo maestro
di dare alla sua anima
una casa dove dormire serena

Non trova più
né terra né famiglia che l'abbraccino
né altare dove appendere il suo cuore

Il pane che cerca
non è fatto di lacrime e farina...
è un pane duro
impastato col sangue e la pietà

Le sue parole graffiano il cielo

***

'Perché - Padre-
mi hai dato la tua croce?

Perché non scendi
almeno un'altra volta
per dire che non merito questa pena?

Perché non dici
che Giuda è innocente?

Dillo che sei entrato com'essenza
tra i miei pensieri di ragazzo
e piano-piano
giorno dopo giorno
mi hai dato nelle mani la tua vita...
la tua vita - Padre!

Dillo che Giuda era un tuo soldato
un paladino delle tue parole
un servo del cielo
e quella notte maledetta
sei stato tu a farmi condurre la morte
fino ai tuoi piedi

Dillo - a tutti i miei fratelli -
che quella volta - io -
ho fatto solo la tua volontà

Gridalo
che questo tuo figlio era la feccia della terra
una bestia
una pecora buona per scannare
ma dillo
- a chi mi crede senza dignità -
che Giuda non fu mai un traditore
un vigliacco
un assassino
uno che per tre soldi
si è svenduto il sole...
l'unica sua dote
l'unica speranza

Accanto a te
io mi sentivo un poeta
un uomo
che non si vergognava di vivere
un uomo libero
tra le braccia di questa terra liberata...

una terra
senza più strade
dove non si passi
una terra
senza più parole
che non si possano dire
una terra
senza più madri
che piangano i figli

Dillo - Padre-
che Giuda fece solo la tua volontà...
la tua volontà - Padre!"

VIII

Giuda
non poteva sapere che la morte
stava dando alla terra
        la più grande speranza della vita

Non poteva capire che la sua parte
l'aveva scritto chi l'aveva voluto fratello...
lo stesso fratello
che gli aveva consegnato la sua parola
                                        la sua borsa
                                        la sua vita

Lo capirono
solo chi di Cristo
            ne voleva spegnere le parole

Lo capirono
chi alza le bandiere
        con lo stemma ricamato d'oro...
oro estraneo
a quello che scola dalla croce
da ogni fessura del paradiso
da ogni vena di chi dona la sua vita
per fare di ogni giorno
una pagina che rimanga dentro il cuore.

IX

Nelle notti di luna timida...

quando il vento
soffia tra gli ulivi
e ogni voce
sembra che s'intani

...il mondo si ferma per ascoltare
che cosa stia succedendo per le strade

I cani abbaiano
perché gli sembra strano
il buio che ammanta le stradine...
abbaiano
per fare zittire il mondo mentre grida

Sentono una voce in lontananza
come se provenisse da una fenditura
che la terra spalanca per parlare

Sentono ancora
la voce dei chiodi
mentre l'incudine
batte le sue ore...

le ultime ore del condannato

Sentono ancora
la voce del legno

mentre i chiodi
baciano le carni
prima di penetrare
dentro le sue vene...

le ultime carezze per il condannato

I cani
sentono ancora le ultime parole
che dalla croce salirono fino in cielo...

"Perdona loro - Padre -
perché non sanno quello che fanno!"

Io - come i cani -
mi sembra di sentire la morte
mentre ancora piange...
mi sembra
che tra le stradine della mia coscienza
Giuda gridi ancora
se qualcuno lo chiama traditore

La storia
come Ponzio Pilato
se ne lava le mani

E il cielo è sempre più lontano.

Il ***Vangelo di Giuda*** è un vangelo gnostico che riporta alcune conversazioni tra *Gesù* e l'apostolo *Giuda Iscariota*, trascritte non da *Giuda* stesso ma da cristiani gnostici seguaci di *Gesù*. Questo vangelo è riportato in un manoscritto in lingua copta risalente all'inizio del IV secolo; è stato suggerito che la versione copta sia la traduzione di un'edizione più antica in lingua greca, ma non c'è accordo tra gli studiosi su questo punto. Il *Vangelo di Giuda* fu composto tra il 130 e il 170 circa; la datazione si basa sulla maturità della teologia contenutavi, sul fatto che presume la conoscenza dei vangeli canonici e sulla testimonianza di *Ireneo di Lione*.

Secondo i vangeli canonici, *Giuda* tradì *Gesù* consegnandolo alle autorità del *Tempio* di *Gerusalemme*, le quali a loro volta lo consegnarono al prefetto *Ponzio Pilato*, massima autorità romana della regione, che lo mise a morte per crocifissione. Il Van*gelo* di *Giuda*, invece, presenta *Giuda* in una prospettiva molto differente, secondo la traduzione preliminare del 2006 della *National Geographi Society*: il gesto dell'apostolo non fu un tradimento, ma l'esecuzione di un ordine di *Gesù* stesso, che aveva bisogno di questo atto affinché il corso degli eventi che aveva progettato fosse messo in moto. Questa raffigurazione è compatibile con gli insegnamenti dello gnosticismo, secondo i quali la forma umana è una prigione per l'anima.

In tale ottica, il tradimento di *Giuda* (nel senso originale del termine, quello di *traditio*, "consegna") permise a *Gesù* di liberarsi dai suoi vincoli fisici. Secondo il *Vangelo di Giuda* questi insegnamenti, comprensivi della descrizione della cosmologia gnostica, non furono impartiti a tutti gli apostoli, ma rivelati privatamente da *Gesù* al solo *Giuda*, ritenuto più degno degli altri apostoli. Si ritiene che fosse il testo sacro fondamentale dei *Seziani*, in quanto è citata la *"stirpe di Set"* come stirpe degli eletti, o comunque dei Cainiti, i quali tenevano in gran conto tutti i personaggi ritenuti riprovevoli nell'Antico Testamento, come *Esaù*, *Cam*, gli abitanti di *Sodoma* e *Gomorra*, lo stesso *Giuda Iscariota* e *Caino*, da cui la setta prese il nome, poiché essi avevano sofferto ed erano stati maledetti da *Hysteraa*, il *Demiurgo*, il *Dio* crudele veterotestamentario. Infatti, in un passo di tale vangelo, *Gesù* deride i discepoli che pregano l'entità che loro credono essere il vero *Dio*, ma che è in realtà il malvagio *Demiurgo.*

Perduto per 1600 anni, un manoscritto, il *Codex Tchacos*, è stato ritrovato presso una caverna a *Minya (Egitto)* nel 1978, che dopo diverse peripezie e viaggi nel mondo è stato restaurato a partire dal 2001. Nel 2006 è stata pubblicata la prima versione in lingua italiana a cura della *National Geographic Society.*

Da Wikipedia 13 luglio 2011

Prima pagina del *Vangelo di Giuda*, corrispondente alla pagina 33 del *Codex Tchacos*.

INDICE

Traduzione

Ed. Lulu.com
Pubblicato negli stabilimenti di Lulu.com
nel mese di Agosto 2011

www.ingramcontent.com/pod-product-compliance
Ingram Content Group UK Ltd.
Pitfield, Milton Keynes, MK11 3LW, UK
UKHW020217250726
13967UKWH00001B/54

9 781447 789154